AF397865

Kustantaja: BoD - Books on Demand,

Helsinki, Suomi

Valmistaja: BoD - Books on Demand,

Norderstedt, Saksa

ISBN: 978-952-80-1981-7

AION

Krapulamorkkis.

En mennyt itseeni

menin Ikeaan.

Ihmisenä

en ole toteutunut

silti kumarran tapahtumattomia

runoja joita en ymmärtänyt.

Kieli paikkaa

tunteiden puutetta

Runous tarvittiin

lumoamaan järki

Mutta entäpäs jos

sanat eivät tarkoita

kuten kivi tarkoittaa?

Meri halveksuu tuulta

Jättimäinen keltainen kumiankka

ei kaadu

Majakassa enemmän symboliikkaa

kuin valoa.

Sanat päättyvät sinuun

Niitä ei saa enää takaisin

Alan muistuttamaan ilmaa.

Tahtoisin kuten

tähtiä kaivataan

Lähellä

kaukanasi.

Voiko

mustelmilla rakastaa?

itket vaikka et

Ulkona poliisit.

Viini joka nousi päähän

sanoja joita ei tarkoita.

Sanot sen

kuten kahvia tarjotaan.

Vanhukset katsovat

usein ikkunasta ulos

Odottavat ihmettä

toista tulemista.

Mikä tarve meillä

on mystifioida

entuudestaan tutut

tuntemattomaksi mieltää.

Itseys on ääri

jonka ulkopuolella vasta

olemme olemassa

Niin että sitä on

lähes mahdotonta

minäksi kutsua.

Tuntemattomassa

pelon ja toivon

hämärtyvät rajat.

Nimeäminen kutistaa.

Se on tapa hallita

omistaa meille

mitään kuulumatonta.

Jotakin niin tuttua siinä

jonka tuntemattomaksi

nimeämme.

Kovakuoriaiset tikittävät

mikä aamiainen on toisinpäin

jos croissant on palindromi?

Tai sää

sateella pyykkinarun kasvot.

Runoutta on

olla kivi

Laittaa sanoja päällekkäin

sinusta tulee lause.

On kirjoitettava

kun en muuta osaa.

Jos voisin toisin

ei olisi liskolintuja

ei mitään mitä pelätä.

Se minkä kirjoitin

jätin kirjoittamatta

Hiekalle vastasin:

Aalto.

Haravoin lehtiä

Se on minun tapani

rakentaa yhteiskuntaa

Olla mukana mihin

ei ole kutsuttu.

Juon valkoviiniä

Linnut pudottavat

kirjaimia.

Ei huvita pilkkoa puita

kirvestä ei kiinnosta

vasta eilen se sai

saunapuut aikaan.

Sytytän tupakan;

Ajatukset.

Alat hahmottua.

Et toiveitteni mukaan

vaan sellaisen

jota voi pyyteettä rakastaa.

Kun pinoon lisää

yhden kiven

saadaan kolme.

Laitan ne päällekkäin

kuten taivaat ovat

kirjoitetut jumalat

meiltä salatut.

Totuus on mielikuvituksemme

varassa

usealla tavalla kerrottu

paradoksi.

Puhelen variksille jotka

ymmärtävät filosofiaa

että tämäkin maa

oli ennen merta

eivätkä laivat

etsineet totuutta koska

se ei ollut

tuulten mielestä tarpeellista.

Juon iltateetä

Omenoita puissa.

AION

Juhana Blomstedtin maalauksen inspiroimana.

Flipperistä kuula

putosi taivaalle.

Ehkä aurinko.

Kuula sovitettiin

revolveriin ja

rakastavaiset päätyivät

pelaamaan venäläistä

rulettia

kunnes suudelma laukesi.

Ruudin&savun tuoksuinen.

Kunnes lopulta kuula

lyötiin pallona

kauas ymmärryksemme

ulottumattomiin.

Kuulasta vetämällä

kuun yövalo sammui

kirja polvien päällä.

Lopulta kuulasta

tuli Sisyfoksen symbiootti

liikettä kohti pysähtymistä.

Liike on

että jokin

ymmärtäisi pysähtyä.

Kuulasta tulee piste tälle.

Kätesi sipaisee omaani

jotakin sellaista

joka mahtuu yhteen sanaan.

Tupakoin

mumisen itsekseni

kuollutta kieltä

Näen pyhiä kirjoituksia

merkkejä tulevasta

kivissä

joita kynälläni käännän.

Kirjoitan pimeän kodiksi

Muistini tuolla puolen

sovitut ja sopimattomat

painoivat mieltä.

Epäilin todeksi.

Se mitä meistä tulee

siitä tulee koti.

Kirjoitan sinut lihaksi

kaipuun todeksi

epäilijöille että

olen tosissani.

Mihin en pysty

pystyn.

Ihmettelen

että miksi vasta kuolleina

toiset totta elävämpiä

läheisimpiäkin.

Veriset kädet

kun takapihalle

haudattu koira

ulvoo yhä rakkauttaan.

Minun poskellani

sinun kyyneleesi

sinun surusi.

Hallitsijat

saadaan ymmärtämään

ainoastaan ruudintuoksuista

runoutta.

En yritä saada valmista

en erota

lapiota ja sydäntä

toisistaan.

Lapset hyppivät sohvalla

Musiikki täysillä

Pölynimuri

Kukkaruukku kallellaan

ajatuskin.

Mihin tarvitsemme

kuutamo-öitä?

Seurassasi valaistun

kun perhoset

lentävät kohti

ja huutavat rakkauttaan.

Kaikesta ei voi kirjoittaa

tehdä kuvaa

Olkoonkin että hetki

on kokonainen tarina

ja ilman sitä meille jää

vain tyhjyys

jonka selitämme kysymyksillä

joihin ei ole tarkoitus vastata.

Hetkeä emme voi selittää

arvaamme kuten tähänkin asti

tyhjiökö ilman vastauksia

ja onko mikään oikein

jos väärä on se vastaus

mitä tarkoitetaan.

Ymmärtäminen edellyttää

ymmärtämättömyyttä

Että sisin

ulkopuolisinta meissä.

Ulkopuolisuutta rakastamme

kun olemme vähemmän todet

ja itseämme paljon enemmän.

Tulemme lopulta ihmisiksi

kun yritämme ymmärtää

meille tuntematonta.

Tulemme lopulta ihmisiksi

Itseään tuntee vähiten

siksi sitä pelkää

lepakoita

pimeää

toisenmerkkistä kahvia.

Hiljaisuus antaa

sanoille merkityksen

Se mitä emme osaa

nimetä

sen ymmärrämme.

Partituurissa hyppy

hiljainen soittamaton

kauneinta musiikkia.

Kuljit minuun

eteesi katsomatta

kuin saunapolkua

kukkia hiuksissa.

Kun linnut lentävät

saavat pilvet levätä

Kohta sataa

mutta toisin.

Keitän sinulle kahvia

viisi tyhjää palaa sokeria

täytä ne

arvaatko jo sanan?

Pyysin tekemään kokonaan

uuden auringon

sillä se mitä on kirjoissa

on kaikille sama.

Ihmisellä ei ole

tietä jota kulkea

ihminen on tie

mutta lopulta

muistaa asiat väärin

unohtaa kattilan liedelle.

Ja miten ennen naiset

ja se sahti vasta

kunnes on kaltaisesi ilta.

Tänään oli hautajaiset

En saanut lumitöitä valmiiksi.

Kun mikään ei riitä

riittää kupillinen kahvia.

Kissa syö särkeä

tahtoo takaisin Egyptiin

Tolstoi tuntuu tylsältä.

Rakasta minut takaisin

kun menneet tulevia

Kevät.

Yksin kuvittelee kaikenlaista

koivulle kädet ja jalat

miten ovi aukeaa

ja sinä valittelet liukasta

ja kerrot miten naapurikin.

Siitä on jo monta vuotta

eikä kipu mene pois.

Kirjoittamalla

hahmotan maailmaa

sinut

sen mitä et ole

olet

olen.

Aurinko perhosen muodossa.

Laitan kynän taskuun.